Standard Deutsch 7/8

Leseheft · *Freundschaft und Liebe*

Erarbeitet von Merve Klapper
und Maren Scharnberg

Illustriert von Christiane Grauert

Cornelsen

Textquellenverzeichnis

S. 4 ff.: Grefe, Christiane: Die Liebe von Paul und Paula. Aus: Die erste Liebe. ZEIT Magazin 30/2009, S. 12 ff. **S. 13 ff.:** Umfrage am Friedrich-Schiller-Gymnasium Preetz **S. 15 ff.:** Myron, Levoy: Der gelbe Vogel. München: dtvjunior, 2003, S. 64–69 u. S. 150–157. **S. 26:** Anonym: Du bist mîn, ich bin dîn. Aus: Echtermeyer: Deutsche Gedichte von den Anfängen bis zur Gegenwart. Auswahl für Schulen. Hrsg. v. Benno von Wiese. Berlin: Cornelsen, 2006, S. 4. **S. 27:** Du bist mein, ich bin dein. **S. 28:** Andersch, Alfred: Paris, 1. Mai 1977. Aus: Gesammelte Werke. Gedichte und Nachdichtungen. Hrsg. v. Dieter Lamping. Bd. 6. Zürich: Diogenes, 2004, S. 147. **S. 30:** Hutten, Katrine von: Die Liebe liebt das Wandern. Aus: Aber besoffen bin ich von dir. Liebesgedichte. Hrsg. v. Jan Hans. Reinbeck: Rowohlt, 1979, S. 134. **S. 32:** Fried, Erich: Leilied bei Ungewinster. Aus: Liebesgedichte. Berlin: Wagenbach, 1979, S. 25. **S. 34 ff.:** Blech, Jörg/Bonstein, Julia u. a.: Nackt unter Freunden. Aus: DER SPIEGEL 10/2009 v. 02.03.2009, S. 118. **S. 39:** Inhalte der Grafik aus: DER SPIEGEL 10/2009 v. 02.03.2009, S. 120 f. **S. 40 ff.:** Schäfer, Annette: Die positiven Effekte des Internets. Aus: Psychologie heute, Heft 2/2010, S. 10. **S. 45 ff.:** Anne Frank: Tagebuch. Frankfurt/Main: Fischer, 2001, S. 217–254.

Bildquellenverzeichnis

S. 45: picture-alliance/imagestate/HIP, Frankfurt am Main

Redaktion: Dagmar Finke, Mareike Zastrow
Umschlaggestaltung: Visuelle Gestaltung Katrin Pfeil, Mainz
Layout und technische Umsetzung: Annika Preyhs für Buchgestaltung+

www.cornelsen.de
www.oldenbourg-bsv.de

1. Auflage, 1. Druck 2010

Druck: CS-Druck CornelsenStürtz, Berlin

ISBN 978-3-06-061842-2

Inhalt gedruckt auf säurefreiem Papier aus nachhaltiger Forstwirtschaft.

Inhaltsverzeichnis

Erste Liebe

1 Lies den Ausschnitt aus einem Zeitungsartikel zum Thema „Erste Liebe".

Die Liebe von Paul und Paula

„Wann hat der Herr Janssen denn mal Zeit für mich?", schrieb Paula aus der 9.3 dann schließlich an Paul aus der 9.5, damals vor dreieinhalb Monaten, nachdem Paul ihr in den Hofpausen und im Schulbus immer laaaaange Blicke zugeworfen hatte.

„Hab. Ich. Nicht", sagt Paul. „Paula hat mit mir geflirtet."

„Ich habe nicht mit dir geflirtet", sagt Paula. „*Du* hast mich die ganze Zeit so angeguckt und angezwinkert."

„Gezwinkert? Hä?" Und dann, bevor Paula den Mund aufmachen kann, um zu widersprechen: „Wir haben uns beide immer so angeguckt." [...]

Paul bemerkte an Paula zuerst ihr Lächeln, das meistens glücklich wirkte, wenn die anderen morgens um halb acht im Schulbus noch apathisch in den Sitzen hingen. Im Winter erkundigte er sich bei ihrer Freundin nach ihr und erfuhr: Paula glaubt nicht an Schulbeziehungen. Weil man sich, wenn man jeden Tag aufeinanderglucke, bald annerve, sich nichts mehr zu sagen habe und so weiter. Daraufhin stellte Paul bei seinem Profil bei Jappy, der Internet-Community, bei der die meisten aus ihrer Schule angemeldet sind, unter der Rubrik „Status" ein gebrochenes Herz ein. Was Paula nicht entging, natürlich ohne dass sie es weiter ernst nahm.

Bis zu jenem Tag im Februar, als sie mit ihrer Freundin in der Pause das Schulgelände verließ. Paul stand mit seinen Kumpels bei Kaiser's an der Ecke, und sie bemerkte zum ersten Mal, wie gut er aussah mit der Schiebermütze, die er in diesem Winter immer aufhatte. Sie sah seine langen Haare, länger als die der anderen Jungs, die ihm in die Augen fielen, in denen sie wiederum eine Verschmitztheit erkannte, die sie geheimnisvoll fand.

Herr Janssen konsultierte, wie er sich ausdrückte, also seinen Terminkalender, und er sah, dass er Zeit hatte. Samstag. Kino. Lichtenberg.

Paula trug Lederstiefel und eine enge schwarze Jeans sowie eine taillierte schwarze Jacke mit hohem Kragen, von der sie hoffte, dass sie „weiblich-attraktiv" wirken würde. Darunter eine graue Strickjacke, die Lässigkeit ausstrahlen sollte. Weil: Sicher war sie sich da noch nicht. Erst mal sehen, wie er so ist, dachte sie. Ob man sich mit ihm unterhalten kann. Ihn gerne küssen würde. FALLS es so weit kommen sollte, zu einer Beziehung.

Was dachte Paul? „Ich freu mich aufs Popcorn."

Der Film mit Jennifer Aniston und Owen Wilson handelte von einem jungen Pärchen, das sich, als Generalprobe fürs Familienleben, einen Hund anschafft, der sich als so wild und unkontrollierbar entpuppt wie das Leben selbst – und der sie mehrere Kinder und Krisen später daran erinnert, worauf es im Leben wirklich ankommt.

Paula drehte sich zu Paul. „Wir schaffen uns später auch mal einen Hund an", sagte sie leise. „Hund find ich gut", sagte Paul.

Nach dem Film begleitete er sie zur Tram*. [...] Eine Woche später standen sie wieder an der Haltestelle. Es war Samstagnachmittag. Paula wollte ihn auf die linke Wange, Paul sie auf die rechte Wange küssen. Sie trafen sich versehentlich in der Mitte.

* **Tram:** Bezeichnung für Straßenbahn in Berlin und in Süddeutschland

Am Sonntagabend standen sie unter einer Laterne. Paula fand, dass jetzt ein guter Zeitpunkt gekommen sei. Er hatte Sprüche gemacht, „Andeutungen sexueller Natur“, sagt Paula. Dass er sie zurückweisen würde, erschien ihr nach menschlichem Ermessen unwahrscheinlich.

„Zweimal“, sagt Paul. Und dann, mit geschlossenen Augen und einem breiten Lächeln, wie ein Kind, das vom Vergnügungspark erzählt: „Das war schön.“

Als Paul später zu Hause vor dem Fernseher saß, schickte er eine SMS: „Und, wie war dein Abend?“ „War super. Ich war mit ’nem attraktiven Jungen unterwegs.“ Ein paar Minuten später: „Ab heute bist du meiner.“ Für den Fall, dass er nicht mitbekommen hätte, dass sie jetzt zusammen waren. Wäre ihre Geschichte ein Film, sähe man in dieser Szene ein Mädchen, das in einer Altbauwohnung in Berlin-Karlshorst in Jogginghose und Fleecejacke vor dem Fernseher sitzt und glücklich lächelt. Dann würde die Kamera sich in den Nachthimmel erheben und über dunkle, baumbestandene Vorortstraßen fahren, um zwei Kilometer weiter das große Fenster einer zweistöckigen Dachgeschosswohnung in den Blick zu nehmen, wo ein Junge sitzt, ebenfalls allein vor dem Fernseher, ebenfalls lächelnd, weil er zum ersten Mal in seinem Leben dabei ist, in Liebe zu fallen.

Vom nächsten Tag an liefen die beiden immer gemeinsam von der Bushaltestelle zur Schule. Nach zwei Wochen fragten ihre Freunde, wann sie es denn offiziell machen wollten, und nach zweieinhalb Wochen sagte Pauls 13-jährige Schwester Luca beim Abendessen mit den Eltern: „Paul hat jetzt eine Freundin, hähä."

2 Was fällt Paul als Erstes an Paula auf? Notiere die Textstelle.

(Z.)

3 Was fällt Paula an Paul auf? Notiere die Textstelle.

(Z.)

4 Erkläre, warum Paul ins Netzwerk „Jappy" ein gebrochenes Herz als Status einträgt.

5 Wer von den beiden hat als Erster die Initiative für ein Kennenlernen ergriffen? Begründe deine Meinung mit Hilfe des Textes.

(Z.)

6 An welchen Aussagen bemerkt man, dass Paul und Paula Interesse aneinander haben? Schreibe sie auf.

(Z.)

(Z.)

(Z.)

(Z.)

7 Paula schickt Paul folgende SMS:

„Ich war mit 'nem attraktiven Jungen unterwegs."

Erkläre, was Paula Paul mit dieser SMS sagen möchte und warum sie Paul ihre Gefühle auf diese Art mitteilt.

8 Lies die Fortsetzung des Artikels.

Paul und Paula glauben, dass eine Beziehung Regeln braucht. Bislang gibt es nur eine Regel: dass Paul sich nicht alleine mit einem Mädchen treffen darf und Paula sich nicht mit einem Jungen. Die Idee kam von Paula. Denn Paul würde es nichts ausmachen, wenn Paula beispielsweise im Schwimmbad wäre und sein Freund Tom käme dazu. „Aber er hat eingewilligt, sich daran zu halten, weil es Paula wichtig ist und weil er sowieso nicht wüsste, was er mit einem anderen Mädchen alleine anfangen sollte, und nun gilt die

Regel für beide. Paul und Paula glauben, dass man für die schönen Seiten einer Beziehung auch Nachteile in Kauf nehmen muss, zum Beispiel, dass man weniger Freiheiten hat, seine Freunde weniger sieht oder sich ab und zu nicht versteht. Sie wissen von ihren Eltern, dass man sich streiten kann und trotzdem zusammenhalte – auch wenn Paulas Eltern vor einem Jahr in getrennte Wohnungen gezogen sind. Paula und Paul glauben, dass ihre Eltern sich noch lieben. […]

Als die beiden zwei Wochen zusammen waren, entdeckte Paula auf dem Jappy-Profil von Pauls Ex-Ex-Ex-Freundin (nichts Ernstes) einen Kommentar, den dieser dort gerade erst hinterlassen hatte. „Sehr sexy ;-)“, stand unter einem Foto, auf dem die Ex mit Riesenausschnitt zu sehen war.

Paula hatte bei ihrem ersten Freund, der tatsächlich ein paar Jahre älter war, erlebt, wie der sich plötzlich für Mädchen interessierte, die im Gegensatz zu ihr schon in die Disko durften, und sie hatte sich vorgenommen, nie wieder auf einen „krassen Player“ hereinzufallen, wie offenbar Paul, wie ihr mit einem Mal klar wurde, einer war.

Paul loggte sich gerade ein, ahnungslos, als Paula ihm eine wütende Nachricht schickte, um dann offline zu gehen, ohne auf seine Antwort zu warten.

Minuten später eine SMS von Paul: Ich liebe dich, das war doch nur so dahingesagt.

Eine Entschuldigung nützt mir nichts, das bringt mich nicht weiter.

Es hatte nichts zu bedeuten, ich kann mich gar nicht mehr dran erinnern, weil es so nebensächlich für mich war.

Warum machst du so was, wenn du in einer Beziehung bist?

Na, weil das Bild gut aussah.

Keine Antwort.

Eine halbe Stunde später rief Paul an.

„Es tut mir leid, bitte sei nicht so, nicht so böse, ich kann sonst nicht einschlafen.“ Paula war gerührt, aber trotzdem konnte sie in dieser Situation nicht einfach sagen: Ja, Schatz, ich liebe dich auch. Am nächsten Tag entschuldigte Paul sich noch mal, aber Paula blieb stur.

„Stur und bockig und zickig“, sagt Paul. „Bei so was!“ Am zweiten Tag war es ihm irgendwann egal, denn: Mehr als hundertmal entschuldigen konnte er sich nicht.

„Vielleicht hab ich ja auch überreagiert“, sagt Paula.

„Hast du auch“, sagt Paul.

„Aber wenigstens seh ich es auch ein.“

„Für Paula war es halt irgendwie ein großes Ding“, sagt Paul. „Paula macht sich sowieso immer über irgendwelche Sachen einen Kopf.“

Sie schaut unglücklich, unglücklich über sich selbst, und plötzlich ist klar, dass dieses Mädchen und dieser Junge, die man auf den ersten Blick für eine unbeschwerte Schülerliebe halten könnte, schon längst die Kraft haben, sich gegenseitig schwer zu verletzen. Paulas Mutter hat ihr eingeschärft, sie dürfe Paul nicht zu sehr einengen. Vielleicht gibt es doch eine zweite Regel, die in den dreieinhalb Monaten, in denen sie jetzt zusammen sind, dazugekommen ist, aber lernen muss sie vor allem Paula: „Wenn du jemanden liebst, lass ihn frei“, murmelt sie.

9 Welche Nachteile nehmen Paul und Paula für die schönen Seiten ihrer Beziehung in Kauf? Schreibe Stichwörter.

____ (Z.)

____ (Z.)

____ (Z.)

10 Paul und Paula glauben, dass eine Beziehung Regeln braucht.

a) Notiere die Regel, die Paul und Paula in ihrer Beziehung aufstellen.

____

____

____ (Z.)

b) Wie findest du diese Regel? Schreibe deine Meinung in Stichwörtern auf und begründe kurz.

____

____

____

____

c) Welche Regeln erscheinen dir persönlich hilfreich in einer Beziehung? Begründe deine Ansicht. Schreibe in dein Heft.

11 **a)** Paula fühlt sich von Paul verletzt. Schreibe auf, wodurch.

(Z.)

b) Wie reagiert Paula in dieser Situation?

(Z.)

(Z.)

c) Wie reagiert Paul?

(Z.)

(Z.)

d) Hätte Paula in dieser Situation auch anders reagieren können? Mache Vorschläge.

e) Welches Verhalten findest du selbst in einer solchen Situation am sinnvollsten? Begründe deine Ansicht. Schreibe in dein Heft.

Freundschaft in Zahlen

Was ist Freundschaft?

50 Schüler und 50 Schülerinnen* wurden zum Thema „Freundschaft" befragt**.

1 Betrachte das Diagramm und formuliere in einem Satz, worüber das Diagramm informiert. Schreibe in dein Heft.

Das Wichtigste an einer Freundschaft ist für mich ...

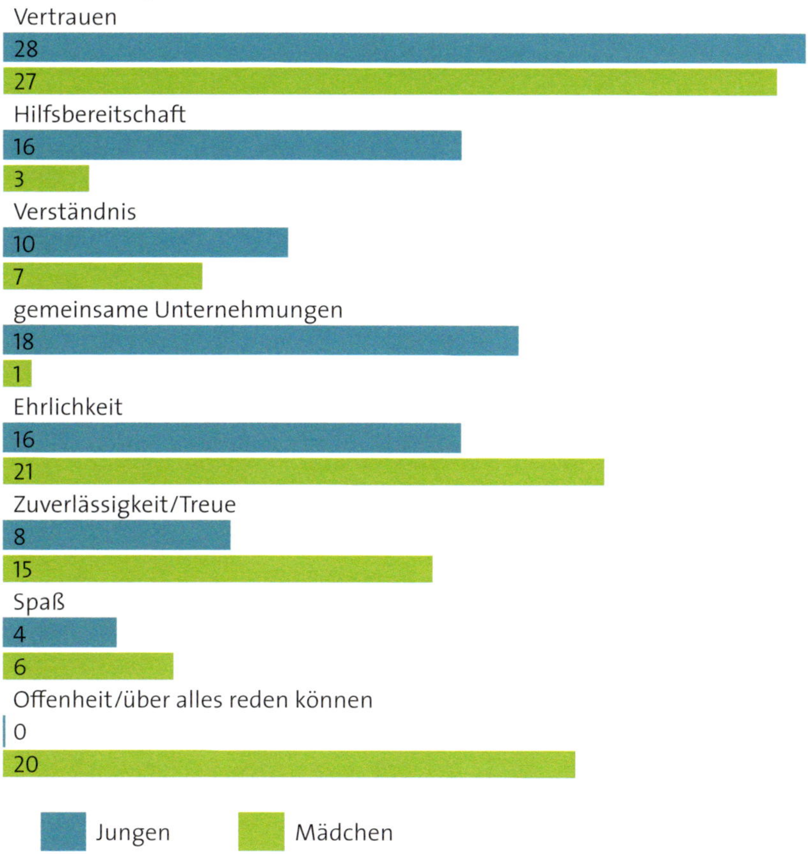

* im Alter von 13 bis 15 Jahren ** Es waren zwei Nennungen möglich.

2 Werte das Diagramm (S. 13) in folgenden Schritten aus:
- Bestimme die Art des Diagramms.
- Betrachte das Diagramm genauer. Welche Angaben kannst du ablesen? Gibt es zusätzliche Informationen?
- Vergleiche die Angaben im Diagramm.
- Fasse zusammen, was im Diagramm gezeigt wird. Welche Angaben sind dir besonders aufgefallen?

3 100 Schülerinnen und Schülern wurde die Frage gestellt: Wie wichtig sind dir bei einer Freundschaft folgende Aspekte?
Werte die Tabelle in den oben genannten Schritten aus.

Das ist mir bei einer Freundschaft wichtig:

	sehr wichtig	wichtig	nicht so wichtig	gar nicht wichtig
gemeinsame Unternehmungen	27	40	20	13
Kleidungsstil des anderen	2	7	65	26
über das Leben reden	3	63	34	
Ehrlichkeit	88	12		
dem anderen voll vertrauen	96	4		
Musikgeschmack des anderen	18	22	35	25
Zuverlässigkeit	74	26		
Fairness	69	31		
Geheimnisse erzählen	43	41	16	
gegenseitige Hilfe	72	28		

4 Welche der in der Tabelle genannten Aspekte sind für dich sehr wichtig und welche sind weniger wichtig?
Ordne sie nach ihrer Wichtigkeit für dich und begründe.

Freundschaft auf die Probe gestellt

Das Jugendbuch „Der gelbe Vogel“ handelt von dem 12-jährigen Alan, der mit seiner jüdischen Familie während des Zweiten Weltkrieges in New York lebt. Eines Tages wird Alan von seinen Eltern gebeten, sich um das neu zugezogene Nachbarsmädchen Naomi zu kümmern, das mit seiner Mutter aus Frankreich in die USA geflohen und von seinen Kriegserlebnissen schwer traumatisiert* ist. Alan widerstrebt diese Aufgabe zunächst, da er dafür viel Freizeit opfern muss. Auf Druck seiner Eltern willigt er jedoch ein, und Alan gelingt es tatsächlich, Naomis Vertrauen zu gewinnen. Zwischen beiden entwickelt sich mit der Zeit sogar eine Freundschaft. Allerdings verheimlicht Alan seine neue Freundin vor seinem besten Freund Shaun.

1 Lies den folgenden Ausschnitt aus dem Jugendbuch „Der gelbe Vogel“.

Myron Levoy

Der gelbe Vogel

Sie waren auf dem Flugplatz oder jedenfalls auf dem Feld, das vom Holmes Airport übrig geblieben war. Es lag über zwei Meilen von ihrem Haus entfernt, aber an Samstagen, bei gutem Wind, marschierten Alan und Shaun mit ihren Modellflugzeugen hinaus. Shaun hatte eine Stinson Reliant*, Alan seine Piper Cub*. Vor Jahren hatte es hier noch Vorführungen gegeben, Fallschirmspringen, Kunstflüge und Wettfliegen. Die unermüdlichen gelben und roten Maschinen hatten sich mit dröhnenden Motoren umkreist wie wütende Tiger. Jetzt war das Feld von Unkraut übersät und das Einzige, was noch an die laufenden Motoren und die

* **traumatisiert:** durch schlimme Erlebnisse schwer psychisch erkrankt

* **Stinson Reliant, Piper Cub:** Flugzeugtypen

Männer mit den Schutzbrillen erinnerte, war der Geruch versickerten Motoröls. [...]

Shaun und Alan drehten die Propeller ihrer Modelle auf und die langen Gummibänder, die für den Antrieb sorgten, legten sich wie verdrehte Seile heillos übereinander. Alan hielt seinen Flieger hoch und stellte sich vor, er sei echt. [...] Die Flugzeuge stiegen auf und wendeten präzise, wie Vögel zum langen Heimflug. Sie gingen tiefer und bei jeder neuen Windströmung wieder höher.

„Schau sie dir an."

„Aber meine ist höher, Silverman."

Der Wind war wie ein lebendes Wesen, ein freundlicher Riese, der mit den Flugzeugen spielte, mal rauer, mal sanfter. Die Landung war vollendet, wie kostbare Geschenke wurden die Flugzeuge vor den Freunden abgesetzt.

Sie ließen sie noch eine Stunde lang fliegen. Dann legten sie sich einfach auf den Rücken, um noch ein paar richtige Flugzeuge zu beobachten, bevor sie heimgingen. [...] „Keine Flugzeuge in Sicht. Komm, wir gehen. Vielleicht kriegen wir noch ein Schlagballspiel zusammen."

„Mensch, das ist eine Idee. Heute kann ich spielen ... Nur an Wochentagen geht's nicht mehr."

„Wieso denn? Was ist los?"

„Ich habe da was zu erledigen. Eine Art Dauerauftrag an Werktagen. Samstags kann ich das machen, wann ich will ... Hat jedenfalls mit der Familie zu tun. Eine Art Geheimnis."

„Ist dein Vater ein Trinker oder so was?"

„Mein Vater? Ich glaube, der hat in seinem Leben noch nichts getrunken, höchstens etwas Wein an Passah*." […] „Also was ist denn das große Geheimnis, das du nicht erzählen darfst?"

„Eben. Ich darf's nicht erzählen und damit hat sich 's."

Dabei drängte es ihn sehr, davon zu erzählen. Wenn er's nur gekonnt hätte. Es würde alles so viel leichter machen. Denn Shaun könnte ihm helfen, er könnte alles Mögliche tun. Er konnte Ziehharmonika spielen. Er konnte es ihr beibringen. Und wenn sie zu zweit wären – wer würde Alan dann noch Schisser* nennen? Durfte man es ihm erzählen? Oder würde ihn Shaun nur verspotten, mit „Süßer Schmetterling"* oder Ähnlichem, und ihn auslachen, so wie in der Schule? Hinter seinem Rücken mit allen andern über ihn lachen. Vielleicht kann man es trotzdem wagen. Shaun hatte Mitleid mit einem Nachtfalter*, würde er weniger Mitleid mit Menschen haben, Teufel noch mal? Man kann es ihm sicher sagen … vielleicht.

„Oh, übrigens, Shaun, ich wollte noch sagen, du kennst doch das Mädchen, das oben eingezogen ist –"

„Wen? Die ‚Irre Ida'?"

„Was? Was meinst du mit ‚Irre Ida'?"

„Bist du blind? Hast du sie nie im Flur gesehen, wie sie Zeitungen zerreißt? Die hat schon Papier vom Dach runtergeschmissen, bis Finch* sie verjagt hat. Die ist verrückt. Alle Gänse sind irre, die ist nur noch irrer als die andern. Ist nicht einmal in der Schule. Ich wette, wenn die den Mund

* **Passah:** jüdisches Fest um die Osterzeit

* Alan wird häufig von der verfeindeten Schlagballmannschaft „Schisser" genannt, weil er gut in der Schule, hilfsbereit und friedfertig ist.

* Shaun ärgert Alan mit diesem Ausdruck, nachdem diesem ein Schulstreich misslingt: Alan hat in der Literaturstunde gefangene Falter losflattern lassen, die Lehrerin ist jedoch nicht entsetzt, sondern begeistert, weil das zu dem gerade gelesenen Gedicht passt, und lobt ihn für seinen Einfall.

* Alan erlebt, wie Shaun, der sonst eher cool ist, Mitleid mit einem verletzten Nachtfalter hat und damit seine gefühlvolle Seite zeigt.

* **Finch:** Hausmeister im Wohnhaus von Alan und Naomi

aufmacht, kommt nur Blech raus, bloß, du merkst es gar nicht, weil's französisches Blech ist."

Sinnlos. Er hatte also doch Recht gehabt. Es ging nicht, man konnte ihm nichts sagen.

„Ich weiß nicht. Vielleicht spricht sie ganz gut Englisch. Viele Kinder in Europa lernen Englisch." Er nahm sich zusammen um nicht preiszugeben, wie viel er schon wusste. Er kam sich wie ein Lügner vor. [...]

2 Alan durchläuft während des Gesprächs mit Shaun in Gedanken verschiedene Phasen: Mal will er sich seinem Freund anvertrauen, mal zweifelt er daran.

a) Teile den Text anhand dieser Phasen in sinnvolle Abschnitte ein.

b) Ordne den einzelnen Abschnitten passende Begriffe aus der folgenden Auswahl zu. Schreibe die Begriffe neben die Absätze in die Randspalte.

erneute Zweifel – Bedenken – Argumente für eine Aussprache – Verschweigen – Moment der Überwindung – Bedenken und Rückzieher – Argumente für eine Aussprache

c) Übertrage das folgende Koordinatensystem in dein Heft und zeichne eine Kurve ein, die den Gedankengang von Alan verdeutlicht.

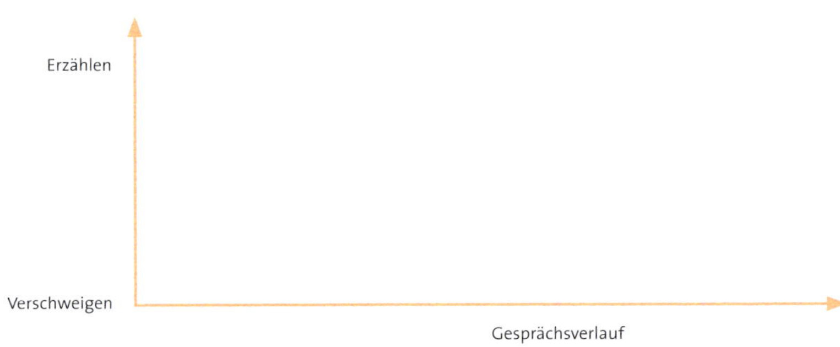

3 **a)** Alan durchdenkt immer wieder seinen inneren Zwiespalt in einer Art Selbstgespräch. Markiere diese Abschnitte im Text farbig.

b) Alans Gedanken sind mit besonderen sprachlichen Mitteln ausgestaltet. Suche folgende sprachliche Mittel im Text und notiere die Bezeichnung in der Randspalte.

rhetorische Frage – Konjunktiv – Zitat – unvollständiger Satzbau – Pausenzeichen (...)

c) Welche Wirkung wird mit dem Gebrauch dieser sprachlichen Mittel erzielt? Schreibe sie jeweils hinter den Begriff, z. B.: rhetorische Frage → Zweifel.

4 **a)** Alan schwankt zwischen Befürchtungen und Hoffnungen. Übertrage die Tabelle in dein Heft und notiere Textstellen zu Alans Überlegungen und Gefühlen.

Befürchtungen	Hoffnungen
Zeile ...	Zeile ...
...	...

b) Was führt am Ende dazu, dass Alan sich gegen ein offenes Gespräch mit Shaun entscheidet? Schreibe in dein Heft.

c) Alan kommt sich wie ein Lügner vor (S. 18, Z. 74). Schreibe auf, warum.

5 Lies nun diesen Ausschnitt aus dem Buch „Der gelbe Vogel“.

Nachdem Alan das Vertrauen von Naomi gewonnen hat und sich die beiden angefreundet haben, werden sie von Shaun zusammen entdeckt.

Da erst gewahrte Alan Shaun, der sie von der hinter ihnen liegenden Kreuzung beobachtete.
Er musste ihnen schon die ganze Zeit mit großem Abstand gefolgt sein. Alan kniff die Augen zu und starrte zu ihm hinüber, während die nichts ahnende Naomi die Piper kreisen ließ. Shaun kam ein paar Schritte näher, zögerte dann aber und blieb stehen. „So ist das also, Silverman!“, rief er. „Was denn?“, rief Alan zurück.
„Wirst schon sehen, was passiert.“
Naomi drehte sich um. „Was ist los?“, fragte sie Alan.
„Keine Ahnung“, gab er zur Antwort. „Aber komm jetzt. Wir müssen weiter.“ Er nahm sie am Arm und führte sie, so schnell es ging, über die Straße.
„Schisser!“, rief Shaun aus der Entfernung.
Alan ging mit Naomi weiter. Er ballte eine Hand zur Faust. Warum schnüffelte Shaun ihm nach? Alter Schnüffler. Irre Ida. Franzi, die Gans. Schisser. Sollen sie doch alle zum Teufel gehen. Ich kann rumlaufen, mit wem ich will. Mit wem ich will.
„Alan, bitte. Du bist böse mit ihm?“, fragte Naomi.
„Ja.“
„Was hat er gemacht?“
„Er hat Schisser gerufen.“ [...]
Sie waren bei den „Eichenterrassen“ angekommen. Alan stieß die Haustür auf und ging finster und schweigend mit Naomi über den Vorplatz. Warum war er so wütend auf Shaun? Weil der Schisser gerufen hatte? Nein. Er wusste ja selbst, dass er kein Schisser war. Wegen mir, dachte er, kannst du das rufen, bis du umfällst. War nicht mehr wichtig. Das Traurige war nur, dass Shaun manchmal so großar-

tig sein konnte. So ein toller Kerl. Und manchmal so unheimlich dämlich wie eben jetzt.
Montag früh wartete Alan vor dem Haus auf Shaun und hoffte, er könnte auf dem Schulweg alles klären. Aber Shaun hatte offenbar das Haus sehr zeitig verlassen, und zwar mit voller Absicht, denn er ging niemals zeitig weg.
Alan machte sich also allein auf den Weg. […] Er fing an zu pfeifen. Er pfiff, um aller Welt zu zeigen, dass alles prima wäre, dass es ihm Spaß machte, allein zur Schule zu gehen, dass ihm das Wetter gefiel – und wenn Shaun nicht mitging, zum Teufel mit ihm.

Da sah Alan weiter vorn Shaun und Tony Ferrara. Worüber lächelten sie? Sprach Shaun über ihn? *Alan Silverman spielt Flieger mit Mädchen, verstehst du das? Ein Schisser ist dieser Alan Silverman. Der spielt mit der Irren Ida.* Hatte Tony sich nicht gerade nach ihm umgesehen? Worüber redeten sie?
Alan drückte sich die Bücher in die Seite und beschleunigte seine Schritte, so gut er konnte. So einfach kann Shaun sich das nicht machen; wenn er etwas zu sagen hat, dachte Alan, dann bitte mir.
Auf der Höhe von Tony sagte Alan mürrisch: „Hallo."
„Na, wie steht's?", murmelte Tony.
Shaun starrte Alan wütend an, sagte aber nichts. „Prüfung in Geschichte", sagte Alan und sah dabei geradeaus.

„Brauchst du mir nicht zu sagen", meinte Tony. […] „Was, zum Teufel, willst du hier?", bellte Shaun los. „Was willst du, Silverman?"

„Nichts."

„Dann lass mich in Frieden."

„Wollte nur kurz was sagen."

„Kurz was sagen? Dir müsste man die Fresse polieren."

Mit großen Schritten wandte sich Shaun wütend in eine andere Richtung. Alan folgte ihm. Tony zuckte verwundert die Achseln und ging allein weiter.

„Hör auf mir nachzulaufen, Silverman! Hau ab!"

„Das ist doch zum Verrücktwerden, Shaun. Hör doch mal zu! Nur eine Minute. Hör mir zu!"

Shaun blieb stehen. Er nahm seine Armbanduhr ab, starrte darauf und sagte: „Also gut. Eine Minute."

„Na schön", sagte Alan, „ich werde mich beeilen. Die letzten Monate habe ich ihr geholfen, sozusagen. Ich konnte es dir nicht sagen. Aber ich musste es machen. Da war etwas an ihr, was nicht stimmte. Wegen Krieg. Wegen Hitler. Die Nazis haben ihren Vater erschlagen. Vor ihren Augen. Er war ganz voller Blut. Er war in der Widerstandsbewegung. Sie haben ihn totgeschlagen. Das war ein furchtbarer Schock für sie, irgendwie. Sie brauchte einen, der sie wieder auf die Beine stellte. Das war ich. Ich bin froh, dass ich 's gemacht habe, Shaun. Es ist ein tolles Mädchen. Du hättest Naomi gern. Bestimmt. Sie ist klasse. Sie ist witzig und klug und alles. Und das war das, was ich immer ‚erledigen' musste … Du hörst ja nicht mal zu. […] Also gut, die Minute ist um."

„Noch 18 Sekunden", sagte Shaun kalt und starrte auf seine Uhr.

„Shaun, du kennst mich doch. Ich sag die Wahrheit. Mensch, wie gern spiele ich Schlagball. Ich wollte das nicht aufgeben. Aber irgendwie ging's hier beinahe um Leben und Tod. Weißt du, es war –"

„Die Minute ist um. So, Silverman, jetzt bekomme ich meine Minute. Und hör mir gut zu, du Arschloch!"

„Shaun, ich – "

„Hör zu, Silverman! Du hast gerade behauptet, du sagst die Wahrheit. Aber du lügst – "

„Ich lüge nicht – "

„Halt's Maul! Du hast deine Minute gehabt. Jetzt hab ich meine. Draußen auf dem Flugplatz, erinnerst du dich? Du hast gemeint, vielleicht spricht sie sogar gut Englisch. Und du hättest gehört, dass sie Naomi heißt. Was du zu erledigen hattest – ja, ja, ‚es hat mit der Familie zu tun.' Du Lügner, du. Du hättest mir das alles schon damals erzählen können. Aber du hast gelogen."

„Du hast mich doch dauernd Schisser genannt."

„Ich habe dich nie Schisser genannt."

„Aber du hättest es gesagt. Dauernd hast du dich lustig gemacht über Spiele mit Mädchen. Und du hast doch Schisser gesagt – gestern, mitten auf der Straße, vor allen Leuten."

„War kein Mensch da. Außerdem war ich sauer."

„Und ‚Irre Ida' hast du sie genannt."

„Das war nur Spaß. Hat doch so ausgesehen, als ob sie spinnt. Hättest mir ja sagen können, dass es nicht stimmt. Aber nein. Stattdessen lügst du mich an."

„Ich habe nicht gelogen. Ich hab nur … ach, ich weiß nicht."

„Du hast mir nicht vertraut. Ich bin dein Schlagball-Kumpel. Stimmt's? Dein Flugzeug-Kumpel. Aber dein Freund – bin ich nicht."

Wie ein Blitz durchzuckte Alan die schmerzhafte Erkenntnis, dass Shaun Recht hatte. Er hatte ihm tatsächlich nicht vertraut. Er hatte gelogen. Er hatte nicht darauf vertraut, dass Shaun alles verstehen würde, dass Shaun eben nicht Joe Condello* war.

Alan kämpfte gegen Tränen an. Er durfte nicht weinen! ... Oder vertraute er Shaun immer noch nicht?

„Shaun ... ich –" Alan schluckte. „Das war falsch. Ich hab 's ganz falsch gemacht. Es ... es tut mir leid ..."

„Mir nicht. Bin jedenfalls saufroh, dass ich jetzt Bescheid weiß. Ich hab dir ja gesagt, ich mache, was ich will ... Hör zu, ich lasse dich in Ruhe, Silverman. Ich bin dir nicht im Weg. Klar? Aber bleib mir vom Leib, bleib mir bloß vom Leib. Wenn du Schlagball spielen willst – prima; geh zur andern Mannschaft, ich lasse dich in Frieden. Wenn du Flieger spielen willst – bitte, mit ihr. Und keine Sorge. Ich habe sie niemals ‚Irre Ida' genannt. Außer einmal vor dir. Nur vor dir. Weil ich mal geglaubt habe, das wäre ... Dass ich bei dir alles sagen könnte ..."

Alan sah, dass Shaun sich selber zusammenriss, um nicht zu heulen. „Ich hab dir immer alles gesagt, weil wir – na ja, fast wie Brüder waren wir. Das war mein Fehler. Na schön. Also, du gehst mir aus dem Weg und ich gehe dir aus dem Weg. Abgemacht [...]."

Shaun drehte sich auf dem Absatz um und stapfte in Richtung Schule. Alan stand wie versteinert und wünschte, er könnte mit irgendeinem Zauber alles wieder gutmachen.

Es war dann nicht mehr sein dampfender Atem, es waren Tränen, die die Welt vor seinen Augen verschwimmen ließen. Wegen Naomi hätte Shaun ihn nie Schisser genannt. Er hätte ihr auch nie Spitznamen gegeben. Shaun hätte an Alans Stelle Naomi genauso gut geholfen.

Wie kann man nur so blöd sein.

* **Joe Condello:** Junge aus der gegnerischen Schlagballmannschaft, der immer wieder Streit sucht

6 **a)** Shaun ist von Alans Verhalten sehr verletzt. Markiere Textstellen, in denen das zum Ausdruck kommt.

b) In welchen Äußerungen wird Shauns Verletzung besonders deutlich? Übertrage die Tabelle in dein Heft und notiere Textbeispiele.

Shauns Verletzung	Zeile
„Wirst schon sehen, was passiert" → Drohung	
…	

7 **a)** Welches Verhalten hätte Shaun von Alan als einem echten Freund erwartet? Formuliere aus der Sicht von Shaun Regeln für eine echte Freundschaft.
Schreibe in dein Heft.

Freundschaft bedeutet für mich …

b) Formuliere in eigenen Worten, inwiefern Alan gegen diese Regeln der Freundschaft verstoßen hat.
Schreibe ins Heft.

8 Welche Ansicht hast du zu folgenden Fragen? Begründe deine Meinung in einer kurzen Stellungnahme (siehe S.44).
Schreibe in dein Heft.

a) Kann man bei dem Verhältnis von Alan und Shaun von Freundschaft sprechen?

b) Hat die Freundschaft zwischen Alan und Shaun eine zweite Chance verdient?

Liebe in Versen

Das folgende Gedicht stammt aus der Zeit um 1150. Es ist also über 850 Jahre alt. Die Sprache, in der das Gedicht geschrieben wurde, heißt Mittelhochdeutsch. Sie ist die Vorgängerin unserer heutigen neuhochdeutschen Sprache. Das Gedicht ist das älteste bekannte Liebesgedicht in deutscher Sprache.

1 Lies das folgende Gedicht einmal leise und einmal laut.
Der Buchstabe î wird als langes i gesprochen.

Anonym

Du bist mîn, ich bin dîn

Du bist mîn, ich bin dîn,
des solt du gewis sîn.
Du bist beslozzen
in mînem herzen,
verlorn ist daz sluzzelîn –
du muost ouch immêr dar inne sîn.

2 Worum geht es in dem Gedicht?
Gib den Inhalt in eigenen Worten wieder.

3 Unterstreiche alle Wörter, die du nicht entschlüsseln konntest. Besprich sie mit einer Mitschülerin oder einem Mitschüler.

4 Lies die Übertragung des Gedichts in unsere heutige neuhochdeutsche Sprache.

Anonym

Du bist mein, ich bin dein

Du bist mein, ich bin dein,
dessen sollst du sicher sein.
Du bist verschlossen
in meinem Herzen,
verloren ist das Schlüsselein –
du musst für immer drinnen sein.

5 Der unbekannte Dichter hat Symbole in seinem Gedicht verwendet.

> Ein Symbol ist ein Zeichen, das für etwas anderes steht. So steht z. B. das Kreuz für den christlichen Glauben, die Taube für den Frieden, der Totenkopf für Gift.

a) Entschlüssele die Symbole in dem Gedicht. Schreibe dazu die eigentliche Bedeutung des Wortes und die symbolische Bedeutung im Gedicht auf.

Symbol	eigentliche Bedeutung	symbolische Bedeutung im Gedicht
Herz		
(verlorener) Schlüssel		

b) Welche Wirkung wird durch den Einsatz dieser Symbole erzielt? Schreibe in dein Heft.

1 Lies das Gedicht „Paris, 1. Mai 1977“ einmal leise und einmal laut.

Alfred Andersch

Paris, 1. Mai 1977

sich an den händen fassen
die augen zumachen
und losrennen

daran
dass euch dieser wunsch überfällt
erkennt ihr
die ankunft der liebe

dann
dürft ihr nicht zögern

fasst euch an den händen
macht die augen zu
rennt los

2 Beschreibe die Aussage des Gedichts in einem Satz.

____

____

3 Welche der folgenden Aussagen trifft auf die Botschaft des Gedichts von Alfred Andersch am ehesten zu? Kreuze an und schreibe eine kurze Begründung in dein Heft.

- ☐ Die Liebe ist ein schönes Erlebnis.
- ☐ Die Liebe löst einen Bewegungsdrang aus, dem man nachgeben sollte.
- ☐ Wer verliebt ist, sollte spontan sein und den Augenblick nutzen.
- ☐ Wer verliebt ist, merkt es selbst nicht, es gibt aber sichere Anzeichen.

4 Betrachte die erste und die letzte Strophe noch einmal genauer. Was fällt dir auf?

5 **a)** Notiere in Stichwörtern, was dir an der Form des Gedichts auffällt.

b) Zwei Verse des Gedichts bestehen aus nur einem Wort. Welche Wirkung wird dadurch erzielt? Schreibe Stichwörter.

c) Ist der Text von Alfred Andersch überhaupt ein Gedicht? Notiere, was dafür und was dagegen spricht.

Dies ist typisch für ein Gedicht:	Dies ist nicht typisch für ein Gedicht:

1 Lies das Gedicht „Die Liebe liebt das Wandern“ einmal leise und einmal laut.

Katrine von Hutten

Die Liebe liebt das Wandern

Sie taucht auf aus heiterem
oder bewölktem Himmel
sie lässt sich nicht beschreiben
sie lässt sich nicht fotografieren
sie ist jedenfalls wetterunabhängig.

Sie entwaffnet oder beflügelt
oder bewaffnet und entflügelt uns
sie nistet sich ein. Sie baut sich
aus unseren zwei Herzen ein schönes Nest.

Und Freitag oder Samstag
nach einem Monat oder vielen Jahren
ist der Vogel weg, der uns die Ohren
vollgesungen hat mit süßen
und giftigen Liedern und wir stehen da
befreit, ja wirklich schrecklich frei.

2 **a)** Das Gedicht erzählt eine „Liebesgeschichte“. Schreibe in eigenen Worten, wie diese Liebesgeschichte verläuft.

1. Strophe:

2. Strophe:

___

___

___

3. Strophe:

___

___

___

b) Was hat die Überschrift mit dem Inhalt des Gedichts zu tun? Schreibe in dein Heft.

3 **a)** In dem Gedicht werden für die Liebe viele sprachliche Bilder aus der Vogelwelt verwendet. Unterstreiche alle diese sprachlichen Bilder.

b) Findest du diese sprachlichen Bilder passend für die Beschreibung der Liebe? Begründe deine Meinung kurz in Stichwörtern. Schreibe in dein Heft.

4 Im letzten Vers des Gedichts kommen die Wörter „befreit“ und „frei“ vor.

a) Was verbindest du mit dem Wort „frei“? Sammle alle Begriffe, die dir dazu einfallen, und schreibe sie als Cluster in dein Heft.

b) Die Dichterin schreibt aber „schrecklich frei“.
Wie verstehst du diese Wendung? Schreibe Stichwörter in dein Heft.

1 Lies das Gedicht „Leilied bei Ungewinster“ einmal leise und einmal laut.

Erich Fried

Leilied bei Ungewinster

Tschill tschill mein möhliges Krieb
Draußen schwirrt höhliges Stieb

Draußen schwirrt kreinige Trucht
Du aber bist meine Jucht

Du aber bist was mich tröhlt
Dir bin ich immer gefröhlt

Du bist mein einziges Schnülp
Du bist mein Holp und mein Hülp

Wenn ich allein lieg im Schnieb
denk ich an dich, mein Krieb!

2 **a)** Handelt es sich bei dem Gedicht überhaupt um ein Liebesgedicht? Begründe deine Meinung kurz.

____

____

____

____

____

____

b) Unterstreiche Hinweise darauf, dass es sich bei dem Gedicht um ein Liebesgedicht handelt.

3 Hier steht das Gedicht noch einmal ohne die Fantasiewörter. Fülle die Lücken so, dass ein „normales" Liebesgedicht entsteht. Deine Verse müssen sich nicht reimen, aber inhaltlich gut passen.

_______________ bei _______________

_______________ mein _______________

Draußen schwirrt _______________

Draußen schwirrt _______________

Du aber bist meine _______________

Du aber bist was mich _______________

Dir bin ich immer _______________

Du bist mein einziges _______________

Du bist mein _______________ und mein _______________

Wenn ich allein lieg im _______________

denk ich an dich, mein _______________!

4 **a)** Übe mit einer Mitschülerin / einem Mitschüler das Gedicht von Erich Fried und eure eigenen Liebesgedichte als mündlichen Vortrag ein.

b) Vergleicht eure verschiedenen Fassungen und ihre Wirkung.

Freundschaft auf neuen Wegen

1 Lies den ersten Teil des Artikels „Nackt unter Freunden“.

Nackt unter Freunden

Wer ist mein drittbester Freund, wer nur mein siebtbester? Und wird Lisa, die Schnepfe, es mir je verzeihen, wenn sie auf Platz 14 landet?

Für Jugendliche sind das heutzutage sehr heikle Fragen. Nie würden sie ihre Freunde in Ranglisten einsortieren, und schon gar nicht vor deren Augen.

Es gibt aber einen Ort, wo sie genau das tun müssen.

Die Adresse: MySpace.com, eine riesige Freundeszentrale im Internet, beliebt bei Millionen jungen Netzwerkern.

Die US-Sozialforscherin Danah Boyd hat sich dort umgesehen; sie spricht von einem „sozialen Schlachtfeld“.

Die Mitglieder dürfen bei dem Online-Netzwerk ihre Freunde und Freundesfreunde um sich scharen; schnell entstehen da Kreise von hundert, zweihundert Leuten. Und dann heißt es, unerbittlich die „Top Friends“ aufzulisten. Das geht selten gut.

Boyd befragte Jugendliche, wie sie mit den Ranglisten zurechtkommen. „Das ist so ein Stress“, erzählte ihr Jordan, 15. „Wenn du bei andern auf der Liste bist, fühlst du dich schlecht, wenn sie nicht auf deiner sind.“ Selbst um einzelne Rangplätze wird oft bitter gerungen, berichtete Anindita, 17: „Dann heißt es, warum bin ich Nummer zwei? Du bist doch Nummer eins auf meiner Seite!“

Das sind Konflikte! War es früher entscheidend, wer auf welche Party eingeladen wurde, plagen sich heute Millionen Jugendliche, den Wert ihrer Freunde zu beziffern. Warum tun sie sich das an? Die Begeisterung für die neuartigen Freundesnetze muss wahrlich überwältigend sein. [...]

2 Die US-Sozialforscherin Danah Boyd spricht von den sozialen Netzwerken als „soziales Schlachtfeld“ (Z. 11), das Stress auslösen kann.
Formuliere in eigenen Worten, was sie damit meint.

____

____

3 Lies den Artikel zu Ende.

Woher kommt die bezwingende Macht dieser Freundesnetze? Wie bewirken sie, dass ihre Teilnehmer bedenkenlos in kurioses* Verhalten verfallen? Und warum bringen sich die einen mit dem Austüfteln von Freundesranglisten um den Schlaf, während die anderen ein riesiges Forum mitten im Internet mit einer Eckkneipe verwechseln?
Der Kreis der Betroffenen reicht diesmal weit über die üblichen Internet-Begeisterten hinaus. In kurzer Zeit konnten die sozialen Netzwerke große Teile der Bevölkerung an sich binden: an die sechs Millionen bei StudiVZ, fast fünf Millionen bei SchülerVZ, fünfeinhalb Millionen beim überraschend erfolgreichen Aufsteiger „Wer-kennt-wen“, der auf dem besten Weg zum Volksnetzwerk ist. Und die Rede ist nicht, wie sonst oft, von Karteileichen*: Die meisten Mitglieder sind regelmäßig online anzutreffen. Bei den Jugendlichen in Deutschland ist schon mehr als die Hälfte mehrmals die Woche in einem sozialen Netzwerk aktiv.
Die Besiedlung der Freundeszentralen vollzieht sich mit einem Tempo, als wäre das Internet gerade dafür erfunden worden. Der Pionier Facebook hat in nicht einmal fünf Jahren weltweit über 175 Millionen Mitglieder angelockt.

* **kurios:** merkwürdig, ungewöhnlich, eigenartig

* **Karteileichen:** Nutzer, die sich zwar registriert haben, aber nicht aktiv sind

Wie der Unternehmensgründer Mark Zuckerberg, 24, Ende Januar auf einer Tagung in München verkündete, sind inzwischen auch mehr als zwei Millionen Deutsche bei Facebook registriert.
Die Marktforschungsfirma IDC hat jüngst ermittelt, dass gut die Hälfte der US-Bürger mit Internet-Zugang ein soziales Netzwerk nutzt; von denen kommt die deutliche Mehrheit mindestens einmal am Tag vorbei und bleibt mindestens eine halbe Stunde. In Europa ist eine ähnliche Tendenz* zu beobachten. [...]
Problemlos verwaltet der moderne Netzwerker auf diese Weise enorme Freundeskreise im dreistelligen Bereich – mit ungewissen Folgen für die altmodische menschliche Bindung. Kann sie überhaupt noch gedeihen im digitalen Milieu* der Oberflächlichkeiten und des flüchtigen Bescheidwissens? [...] Nun ist die Technik da, und die Jugendlichen genießen die vereinigende Magie des neuen Mediums. Sie lernen aber auch, dass der Anschluss an ein Netz nie folgenlos ist. Das Medium formt den Umgang. Es kann Freundschaften vertiefen, aber auch vergiften. An neuartigem Verdruss herrscht kein Mangel. Plötzlich entgleisen viele Streitigkeiten. Das kommt, weil ein Streit, der online geführt wird, rasch Kreise zieht. Auf dem Schulhof bleiben die Kontrahenten* meist unter sich und irgendwann erschöpft sich der Konflikt von selbst. Springt er aber ins Online-Medium über, sind die Auswirkungen ungleich heftiger: Die Zerstrittenen schreiben einander Bosheiten an die Anschlagbretter, veröffentlichen peinliche Fotos, verbreiten Gerüchte. Das geschieht vor aller Augen und es ist oft nicht mehr zu tilgen.

* **Tendenz:** Entwicklung, die gerade im Gang ist

* **Milieu:** Umfeld, Umgebung

* **Kontrahenten:** Gegner

4 a) Welche der Aussagen lassen sich mit dem Text belegen? Gib die entsprechenden Zeilen an.

b) Korrigiere die falschen Aussagen mit eigenen Worten und entsprechenden Textbelegen.

Aussage	Korrektur	Zeile
1 In den sozialen Netzwerken treffen sich vor allem die typischen Internetnutzer, die täglich viel Zeit im Internet verbringen.		
2 Die Netzwerke StudiVZ und SchülerVZ sind zusammen die mitgliederstärksten Netzwerke in Deutschland.		
3 Die meisten Nutzer melden sich bei den Netzwerken an, nutzen sie dann aber nicht.		
4 Die neuen Netzwerke können Freundschaften fördern, aber auch gefährden.		
5 Der Anschluss an ein soziales Netzwerk hat immer auch unvorhersehbare Folgen.		
6 Ein Streit, der online geführt wird, lässt sich schneller klären als ein Streit, den man direkt austrägt.		

5 Der Artikel beschreibt das Phänomen, dass durch das neue Medium Streitigkeiten entgleisen können.
Liste die Gründe auf, die im Text dafür genannt werden.

____ (Z.)

____ (Z.)

____ (Z.)

____ (Z.)

____ (Z.)

____ (Z.)

6 Bestimmt hast du selbst schon Erfahrungen mit dem Thema „Freundschaften und soziale Netzwerke“ gemacht oder etwas zu diesem Thema gehört.
Stelle Positives und Negatives in einer Tabelle einander gegenüber.

positive Erfahrungen	negative Erfahrungen

Soziale Netzwerke

Soziale Netzwerke

myspace	facebook	schülerVZ studiVZ meinVZ
weltweit 220 Mio. Mitglieder	weltweit über 175 Mio. Mitglieder	über 13,1 Mio. Mitglieder
Online-Plattform mit frei gestaltbaren Teilnehmerseiten; komfortabler Einbau von Videos und Musikstücken; sehr beliebt bei Musikern und Fans	geeignet vor allem zur Verwaltung bestehender Freundschaften; automatische Benachrichtigung über Online-Aktivitäten des Freundeskreises	Online-Netzwerk für Studenten, Schüler, Freunde und Kollegen im deutschsprachigen Raum
StayFriends	**wer-kennt-wen.de**	**Lokalisten.de**
über 7,5 Mio. Mitglieder	5,5 Mio. Mitglieder	2,85 Mio. Mitglieder
Schulfreunde-Community mit der Möglichkeit, Klassenfotos einzustellen und auf Klassentreffen hinzuweisen	soziales Netzwerk, das sich nicht an spezielle Gruppen, sondern an alle Internet-Nutzer wendet	deutsches Netzwerk mit starkem Lokalbezug; ausgefeilte Funktionen für die Kontaktsuche; Organisation von Offline-Treffen

1 Welches der dargestellten Netzwerke würdest du in den verschiedenen Situationen nutzen …

a) … um ein Klassentreffen zu organisieren?

b) … um nach einem Umzug in eine fremde Stadt neue Freunde kennen zu lernen?

c) … um den Kontakt zu einer Urlaubsfreundschaft im Ausland zu pflegen?

Schreibe in dein Heft und begründe deine Entscheidungen.

1 Lies den Artikel „Die positiven Effekte des Internets".

Die positiven Effekte des Internets

Neue Studien belegen, dass Teenager sozial und intellektuell* von digitalen Medien profitieren.
Jugendliche, die täglich viele Stunden im Internet verbringen, werden einsam und vergeuden wertvolle Zeit, die sie zum Lernen und für persönliche Kontakte nutzen könnten. Dies war lange Zeit die vorherrschende Meinung in der psychologischen Literatur.* In der letzten Zeit jedoch scheinen die Wissenschaftler ihre Vorbehalte gegenüber digitalen Medien zu revidieren*. In einem Übersichtsartikel beleuchten Patti Valkenburg und Jochen Peter von der Universität von Amsterdam den Perspektivwechsel in den letzten 15 Jahren.
Während mehrere Studien aus den 1990er-Jahren zeigten, dass sich intensive Internetnutzung negativ auf die Sozialbeziehungen von Jugendlichen auswirkt, kommen Untersuchungen aus der jüngeren Zeit zu einem gegensätzlichen Ergebnis: Das Internet verbessert die soziale Verbundenheit und dadurch auch das Wohlbefinden der Teens.
Wie lassen sich die widersprechenden Resultate erklären? Die Cyberwelt von heute, argumentieren Valkenburg und Peter, sei nicht mehr mit der Situation in den 1990er-Jahren zu vergleichen.

* **intellektuell:** geistig

* **psychologische Literatur:** befasst sich mit dem seelischen Zustand von Menschen

* **revidieren:** korrigieren, etwas abändern

Früher war digitales Surfen ein Minderheitenphänomen*; jugendliche Internetnutzer gehörten zu einer kleinen, isolierten Gruppe und kommunizierten online vornehmlich mit Fremden. Heute dagegen werden *Instant Messaging** und soziale Netzwerke von der überwiegenden Mehrzahl der Jugendlichen genutzt, wobei der Austausch vor allem zwischen Freunden stattfindet. Weil es vielen Jugendlichen, insbesondere Jungen, leichter fällt, Gefühle, Unsicherheiten und Träume online zu offenbaren, hilft ihnen das Internet, Freundschaften zu vertiefen und befriedigender zu gestalten.

Zu einem ähnlich positiven Ergebnis kommt eine der bislang umfangreichsten US-amerikanischen Studien von der *MacArthur Foundation*. Über einen Zeitraum von drei Jahren untersuchten 28 Forscher die Internetnutzung von 800 jungen Leuten: Sie führten Interviews mit den Teilnehmern und ihren Eltern, beobachteten, was die Teenager auf Facebook, MySpace und anderen Netzwerken so taten, und ließen sie Internettagebücher führen. Das Fazit*:

Jugendliche eignen sich in der Cyberwelt wichtige soziale, technische und intellektuelle Fähigkeiten an. Die jungen Leute seien meist sehr motiviert, per Onlinekontakt von ihren Peers zu lernen. Sie schätzten die selbstgesteuerte Informationssuche, die sich fundamental* vom typischen Schullernen unterscheide. Manche stiegen dank Internet tief in Interessengebiete wie Astronomie, kreatives Schreiben oder exotische Sprachen ein.

Die Wissenschaftler wollen ihre Studien allerdings nicht als Glorifizierung* des Internets missverstanden wissen. Valkenburg und Peter warnen, dass die enthemmende Wirkung des Internets auch negative Folgen in Form von

* **Minderheitenphänomen:** etwas, was nur wenige betrifft

* **Instant Messaging:** sofortige Nachrichtenübermittlung, z. B. beim Chatten

* **Fazit:** Ergebnis

* **fundamental:** grundlegend

* **Glorifizierung:** Verherrlichung

Onlinebeleidigungen oder Cyberbullying* haben kann. Die Studie der *MacArthur Foundation* weist auf die Schwierigkeit hin, die eigene Onlineidentität in Form von Profilen, Fotos, Filmen und Nachrichten zu kontrollieren. Auch würden die Informations- und Lernmöglichkeiten des Netzes bei Weitem nicht von allen Jugendlichen ausgiebig genutzt.

2 Die Folgen, die digitale Medien für Jugendliche haben, werden heute durch neue Studien anders beurteilt als vor 15 Jahren.
Kennzeichne die Aussagen folgendermaßen:
A = Aussage aus den 1990er-Jahren
B = Meinung heute

	In der virtuellen Welt eigenen sich Jugendliche wichtige soziale, technische und intellektuelle Fähigkeiten an.
	Jugendliche profitieren sozial und intellektuell von den digitalen Medien.
	Eine intensive Internetnutzung wirkt sich negativ auf die Sozialbeziehungen von Jugendlichen aus.
	Das Internet verbessert die soziale Verbundenheit und damit das Wohlbefinden von Jugendlichen.
	Durch das Internet werden Jugendliche einsam und vergeuden Zeit.
	Das Internet hilft, Freundschaften zu vertiefen und befriedigender zu gestalten.

* **Cyberbullying:** Beleidigungen im Internet

3 Die Einschätzungen zu den Folgen der Internetnutzung haben sich deutlich verändert.
Warum kam man 1990 zu anderen Einschätzungen als heute? Lies noch einmal genau nach (S. 40, Z. 13 ff.) und schreibe die Begründungen in Stichwörtern und mit Zeilenangabe auf.

____

____

____

____

____

____

4 Der Artikel weist auf Gefahren hin, die heutzutage bei der Nutzung des Internets bedacht werden müssen.
Liste diese Gefahren auf.

____

____

____

____

____

5 **a)** Formuliere deinen Standpunkt zu der Frage: „Das Internet – Nutzen oder Risiko für Freundschaften?“

Mein Standpunkt: ______________________________

____

____

____

b) Lies noch einmal die Artikel zum Thema „Nackt unter Freunden“ (S. 34 ff.) und „Die positiven Effekte des Internets“ (S. 40 ff.) und unterstreiche alle Textstellen, die deine Meinung belegen.

c) Schreibe eine vollständige Stellungnahme zu der Frage „Das Internet – Nutzen oder Risiko für Freundschaften?“ in dein Heft.

Eine Stellungnahme schreiben

Gehe im Dreischritt vor:

1. Formuliere deinen Standpunkt in einem Aussagesatz.
2. Gib eine nachvollziehbare Begründung für deinen Standpunkt.
3. Führe ein oder mehrere Beispiele an, die deine Meinung belegen.

Verwende für die Argumente

- überprüfbare Tatsachen (Fakten),
- allgemein anerkannte Wertvorstellungen (Normen) und eigene Erfahrungen,
- Expertenmeinungen (z. B. Zitate aus dem Text als Belege).

Formuliere einen Schlusssatz, in dem du noch einmal auf deinen Standpunkt zurückkommst.

Liebe in einer außergewöhnlichen Situation

Die folgenden Texte stammen aus einem Tagebuch und sind von einem 14-jährigen Mädchen in einer außergewöhnlichen Lebenssituation geschrieben worden: Anne Frank lebte während der Zeit des Zweiten Weltkriegs in den Niederlanden. Die Niederlande waren von den Deutschen besetzt, und weil die deutschen Nationalsozialisten alle Juden verfolgten, einsperrten und umbrachten, war Anne als Jüdin in großer Gefahr.

1942, als Anne gerade 13 Jahre alt geworden war, beschlossen ihre Eltern, dass sich die ganze Familie in einem Hinterhaus hinter der Firma, in der Annes Vater arbeitete, vor den Nationalsozialisten verstecken sollte. Dort lebten Anne, ihre Eltern und ihre ältere Schwester Margot über zwei Jahre, ohne jemals das gut getarnte Versteck verlassen zu können. Mit ihnen versteckten sich eine andere jüdische Familie, die van Daans mit ihrem Sohn Peter, und ein jüdischer Zahnarzt namens Herr Dussel.
Einige gute Freunde brachten ihnen Essen, Bücher und alles Notwendige zum Leben.
Im August 1944, als Anne gerade 15 Jahre alt war, wurde das Versteck entdeckt. Die Bewohner des Hinterhauses wurden festgenommen und kamen in verschiedene Konzentrationslager. Annes Vater hat von den acht Bewohnern als Einziger diese Zeit überlebt. Anne ist Ende Februar oder Anfang März 1945 gestorben. Miep Gies und Bep Voskuijl, zwei Freunde der Familie, die sie die ganze Zeit über versorgten, nahmen noch am Tag der Verhaftung Annes Tagebücher an sich. Annes Vater hat sie nach dem Krieg, als feststand, dass Anne nicht mehr lebte, als Buch veröffentlicht.

1 Lies den folgenden Eintrag aus Anne Franks Tagebuch.

Anne Frank

Tagebuch

Anne freundet sich nach mehr als eineinhalb Jahren im Versteck mit dem zwei Jahre älteren Peter van Daan an. Anne beginnt, Peter regelmäßig in seiner kleinen Kammer im oberen Stockwerk zu besuchen. In ihrem Tagebuch, das sie mit „Kitty" anredet, beschreibt Anne ihre Gefühle für Peter.

Sonntag, 19. März 1944

Liebe Kitty!
Gestern war ein sehr wichtiger Tag für mich. Nach dem Mittagessen verlief alles ganz normal. [...] Es war sehr warm im Zimmer gewesen, und mein Gesicht war rot wie ein Krebs. Deshalb ging ich, nachdem ich Margot das Wasser hinuntergebracht hatte, noch mal nach oben, um etwas Luft zu schnappen*. Anstandshalber stellte ich mich erst bei van Daans ans Fenster, ging aber schon bald zu Peter. Er stand an der linken Seite des offenen Fensters, ich stellte mich an die rechte. Es war viel leichter, am offenen Fenster und im Dunkeln zu sprechen als bei Licht. Ich glaube, Peter fand das auch. Wir haben uns so viel erzählt, so schrecklich viel, das kann ich gar nicht alles wiederholen. Aber es war toll, der schönste Abend, den ich im Hinterhaus je hatte. Einige Themen kann ich dir doch kurz wiedergeben.
Erst sprachen wir über die Streitereien, dass ich denen nun ganz anders gegenüberstehe, dann über die Entfremdung zwischen uns und unseren Eltern. Ich erzählte Peter von Mutter und Vater, von Margot und mir selbst. Irgendwann fragte er: „Ihr sagt euch doch bestimmt immer Gute Nacht mit einem Kuss?"

* Um zu verhindern, dass das Versteck entdeckt wird, durften nur im oberen Stockwerk die Fenster einen Spalt weit geöffnet werden.

„Mit einem? Mit einem ganzen Haufen. Du nicht, oder?"
„Nein, ich habe fast nie jemandem einen Kuss gegeben."
„Auch nicht an deinem Geburtstag?"
„Doch, dann schon."

Wir sprachen auch darüber, dass wir beide unseren Eltern nicht so viel Vertrauen schenken. Dass seine Eltern ihn zwar sehr lieben und wohl auch gern sein Vertrauen haben wollten, aber dass er es nicht wollte. Dass ich meinen Kummer im Bett ausweine und er auf den Oberboden geht und flucht. Dass Margot und ich uns auch erst seit Kurzem richtig kennen und dass wir uns doch nicht so viel erzählen, weil wir immer beieinander sind. Wir sprachen über alles Mögliche, über Vertrauen, Gefühl und uns selbst. Er war genauso, wie ich ihn mir vorgestellt hatte.

Dann kamen wir auf das Jahr 1942, wie anders wir damals waren. Wir erkennen uns beide nicht mehr wieder. Wie wir uns am Anfang nicht ausstehen konnten. Er fand mich lebhaft und lästig, und ich fand schon bald an dem ganzen Jungen nichts. Ich verstand nicht, dass er nicht flirtete, aber jetzt bin ich froh. Er sprach auch noch darüber, dass er sich so oft abgesondert hat, und ich sagte, dass zwischen meinem Lärm und Übermut und seiner Stille nicht so viel Unterschied sei und ich auch die Ruhe liebe, aber nirgends für mich allein wäre, außer mit meinem Tagebuch. Und dass mich jeder lieber gehen als kommen sieht, vor allem Herr Dussel, und im Zimmer der Eltern will ich nicht immer sein. Er ist froh, dass meine Eltern Kinder haben, und ich bin froh, dass er hier ist. Ich sagte ihm, dass ich ihn in seiner Zurückgezogenheit und seinem Verhalten seinen Eltern gegenüber verstehe und ihm gerne helfen würde bei den Streitereien.

„Du hilfst mir doch immer!", sagte er.
„Womit denn?", fragte ich sehr erstaunt.
„Mit deiner Fröhlichkeit."

Das war wohl das Schönste, was er mir gesagt hat. Er sagte auch noch, dass er es überhaupt nicht mehr lästig fände, wenn ich zu ihm komme, sondern toll. Und ich erzählte ihm, dass mir all die Kosenamen von Vater und Mutter leer vorkommen und ein Küsschen hier und ein Küsschen da noch kein Vertrauen schafft. Wir sprachen über unseren eigenen Willen, das Tagebuch und die Einsamkeit, den Unterschied zwischen einem Innen- und einem Außenmenschen, den jeder hat, meine Maske und so weiter.

Es war herrlich. Er muss angefangen haben, mich als Kameraden gern zu haben, und das ist vorläufig genug. Ich habe keine Worte dafür, so dankbar und froh bin ich. Und ich muss mich schon bei dir entschuldigen, Kitty, dass mein Stil heute unter dem sonstigen Niveau liegt. Ich habe einfach aufgeschrieben, was mir eingefallen ist.

Ich habe das Gefühl, als teilten Peter und ich ein Geheimnis. Wenn er mich anschaut, mit diesen Augen, diesem Lachen und diesem Zwinkern, ist es, als gehe in meinem Inneren ein Licht an. Ich hoffe, dass es so bleibt, dass wir noch viele, viele schöne Stunden zusammen verbringen.

Deine dankbare und frohe Anne

2 Suche drei Textstellen heraus, die zeigen, dass das Gespräch mit Peter für Anne ein ganz besonderes Ereignis ist. Schreibe sie als Zitat auf.

___

(Z.)

___

(Z.)

___

(Z.)

3 **a)** Unterstreiche die Textstellen, in denen Anne über ihr Verhältnis zu ihren Eltern schreibt, mit Rot. Unterstreiche dort, wo es um Peters Verhältnis zu seinen Eltern geht, mit Grün.

b) Notiere deine Ergebnisse in Stichwörtern.

Annes Verhältnis zu ihren Eltern	Peters Verhältnis zu seinen Eltern

4 Was meinen Anne und Peter mit ihrem „Innen-" und ihrem „Außenmenschen" (Z. 63 f.)? Kreuze an.

- ☐ Man gibt sich nach außen anders, als man sich in seinem Innersten fühlt.
- ☐ Man versucht, möglichst viel von seinem Innersten nach außen zu zeigen.
- ☐ Außen besteht man aus Haut und Haar, innen aus Fleisch und Blut.

5 Anne schreibt auch über ihre Maske. Was ist ihre Maske? Was ist Peters Maske? Ziehe passende Verbindungslinien.

Anne	zieht sich zurück.	(Z.)
	lügt und übertreibt oft.	(Z.)
Peter	ist hilfsbereit und zuvorkommend.	(Z.)
	ist laut und übermütig.	(Z.)

6 Stelle mit Hilfe des Textes Vermutungen an, warum sich Anne und Peter erst so spät anfreunden.
Notiere die Textstelle, in der du etwas darüber erfährst, mit Zeilenangabe.

___

___

___ (S. , Z.)

7 Lies einen weiteren Tagebucheintrag von Anne.

Mittwoch, 22. März 1944

[...] Es wird hier immer schöner. Ich glaube, Kitty, dass wir hier im Hinterhaus vielleicht noch eine echte große Liebe erleben. All das Gewitzel über eine Heirat mit Peter, wenn wir noch lange hier bleiben, war also doch nicht so verrückt. Ich denke wirklich nicht darüber nach, ihn zu heiraten. Ich weiß nicht, wie er mal sein wird, wenn er erwachsen ist. Ich weiß auch nicht, ob wir uns einmal so lieb haben, dass wir gerne heiraten würden.

Ich bin inzwischen sicher, dass Peter mich auch gernhat. Auf welche Art er mich mag, weiß ich nicht. Ob er nur eine gute Kameradin wünscht oder ob ich ihn als Mädchen anziehe oder aber als Schwester, dahinter bin ich noch nicht gekommen. Als er sagte, dass ich ihm bei den Streitereien zwischen seinen Eltern immer helfe, war ich enorm froh und schon einen Schritt weiter auf dem Weg, an seine Freundschaft zu glauben. Gestern fragte ich ihn, was er tun würde, wenn es hier ein Dutzend Annes gäbe und alle immer zu ihm kommen würden. Seine Antwort war: „Wenn sie alle so wären wie du, wäre das wirklich nicht so schlimm!“

Er ist sehr gastfreundlich zu mir, und ich glaube schon, dass er mich wirklich gern kommen sieht. [...]

Ach, wenn ich an Samstagabend denke, an unsere Worte, unsere Stimmen, dann bin ich zum ersten Mal mit mir selbst zufrieden. Dann meine ich, dass ich nun dasselbe sagen würde und nicht alles ganz anders, was sonst meistens der Fall ist. Er ist so hübsch, sowohl, wenn er lacht, als auch, wenn er still vor sich hin schaut. Er ist lieb und gut und hübsch. Meiner Meinung nach war er am meisten überrumpelt, als er merkte, dass ich überhaupt nicht das oberflächlichste Mädchen der Welt bin, sondern genauso verträumt wie er, mit ebenso vielen Schwierigkeiten, wie er sie selbst hat.

Gestern Abend nach dem Spülen wartete ich darauf, dass er mich bitten würde, oben zu bleiben. Aber nichts passierte. [...]

Ich war so unruhig den ganzen Abend, dass ich immer wieder ins Badezimmer ging, mir das Gesicht kalt abwusch, las, wieder träumte, auf die Uhr schaute und wartete, wartete, wartete und horchte, ob er käme. Ich lag früh im Bett und war todmüde.

Heute Abend ist Baden dran, und morgen?

Das ist noch so lange!

Deine Anne M. Frank

8 Unterstreiche die Stellen rot, in denen Anne zu erkennen gibt, dass sie unsicher ist.

9 Anne schreibt diesen Tagebucheintrag drei Tage nach dem ersten intensiven Gespräch.

a) Welche Haltung hat Peter gegenüber Anne? Markiere die Stellen grün, in denen du etwas darüber erfährst.

b) Was könnte Peter zu diesem Zeitpunkt über Anne in sein Tagebuch schreiben? Schreibe einen Tagebucheintrag aus der Sicht von Peter in dein Heft.

10 Lies, was Anne weiter ihrem Tagebuch anvertraut.

Freitagmorgen, 24. März 1944

Beste Kitty!
Ich gehe zurzeit oft abends hinauf, um bei Peter im Zimmer etwas frische Atemluft zu schnappen. In einem dunklen Zimmer kommt man viel schneller zu richtigen Gesprächen, als wenn einen die Sonne im Gesicht kitzelt. Ich finde es gemütlich, neben ihm auf einem Stuhl zu sitzen und hinauszuschauen. Van Daan und Dussel stellen sich sehr blöd an, wenn ich in Peters Zimmer verschwinde. „Annes zweite Heimat", heißt es dann. Oder: „Schickt es sich für Herren, abends im Dunkeln noch junge Mädchen zu Besuch zu haben?"
Peter ist erstaunlich gelassen bei solchen angeblich witzigen Bemerkungen. Meine Mutter ist übrigens auch nicht wenig neugierig und würde mich sicher nach den Themen unserer Gespräche fragen, wenn sie nicht insgeheim Angst vor einer abweisenden Antwort hätte. Peter sagt, dass die Erwachsenen neidisch seien, weil wir jung sind und uns aus ihren Gehässigkeiten nicht viel machen. Manchmal holt Peter mich unten ab. Aber das ist auch peinlich, denn er bekommt trotz allem ein feuerrotes Gesicht und kriegt fast kein Wort raus. [...]
Ich muss mir von allen ganz schön was über die plötzliche Freundschaft anhören und weiß wirklich nicht, wie viele Tischgespräche nicht schon vom Heiraten im Hinterhaus handelten, falls der Krieg noch fünf Jahre dauern würde. Was gehen uns eigentlich diese Elternsprüche an? Nicht viel jedenfalls, sie sind alle so blöd. Haben meine Eltern vergessen, dass sie mal jung waren? Es scheint so. Wenigstens nehmen sie uns immer ernst, wenn wir einen Witz machen, und lachen über uns, wenn wir es ernst meinen.
Wie das nun weitergeht, weiß ich wirklich nicht, ebenso wenig, ob wir immer was zu reden haben. Aber wenn es weitergeht zwischen uns, werden wir wohl auch zusammen sein, ohne dass wir reden. [...]

11 Beschreibe in eigenen Worten, was an Annes und Peters Situation anders ist als bei anderen gleichaltrigen, frisch verliebten Paaren.

12 Obwohl vieles anders ist und Anne und Peter vor mehr als 60 Jahren gelebt haben, findest du bestimmt auch Verhaltensweisen, die bis heute gleich geblieben sind. Schreibe auf, wo sich Anne, Peter und ihre Eltern so verhalten, wie es heute noch oft vorkommt.

13 Lies, wie es mit Anne und Peter weitergeht.

Sonntag, 16. April 1944

Liebste Kitty!
Behalte den gestrigen Tag, er ist sehr wichtig für mein ganzes Leben. Ist es nicht für jedes Mädchen wichtig, wenn sie den ersten Kuss bekommt? Nun, bei mir ist es auch so. [...] Wie ich so plötzlich zu diesem Kuss gekommen bin? Nun, das werde ich dir erzählen.
Gestern Abend um acht saß ich mit Peter auf seiner Couch. Schon bald legte er einen Arm um mich. [...] „Rücken wir ein bisschen weiter", sagte ich, „damit ich mit dem Kopf nicht an das Schränkchen stoße."

Er rückte fast bis zur Ecke, ich legte meinen Arm unter seinem Arm hindurch auf seinen Rücken, und er begrub mich fast, weil sein Arm um meine Schulter hing. Wir hatten schon öfter so gesessen, aber nie so dicht nebeneinander wie gestern Abend. Er drückte mich fest an sich, meine Brust lag an seiner, mein Herz klopfte. Aber das war noch nicht alles. Er ruhte nicht eher, bis mein Kopf auf seiner Schulter lag und der seine darauf. Als ich mich nach ungefähr fünf Minuten etwas aufrichtete, nahm er meinen Kopf in die Hände und zog ihn wieder an sich. Oh, es war so herrlich! Ich konnte nicht sprechen, der Genuss war zu groß. Er streichelte ein bisschen ungeschickt meine Wange und meinen Arm, fummelte an meinen Locken, und unsere Köpfe lagen fast die ganze Zeit aneinander.

Das Gefühl, das mich dabei durchströmte, kann ich dir nicht beschreiben, Kitty. Ich war überglücklich, und ich glaube, er auch.

Um halb neun standen wir auf. Peter zog seine Turnschuhe an, um bei einer zweiten Runde durch das Haus auch leise zu gehen, und ich stand dabei. Wie ich plötzlich die richtige Bewegung fand, weiß ich nicht, aber bevor wir nach unten gingen, gab er mir einen Kuss auf die Haare, halb auf meine linke Wange und halb auf mein Ohr. Ohne mich umzuschauen rannte ich hinunter und warte mit großer Sehnsucht auf heute.

Sonntagmorgen, kurz vor 11 Uhr.

Deine Anne M. Fran[k]

14 Peter küsst Anne. Welche Signale erhält er zuvor von Anne, dass sie ihn nicht abweisen wird?
Unterstreiche die Textstellen.

15 Lies einen weiteren Eintrag aus Annes Tagebuch.

Montag, 17. April 1944

Liebe Kitty!

Glaubst du, dass Vater und Mutter es gutheißen würden, dass ich auf einer Couch sitze und einen Jungen küsse? Ein Junge von siebzehneinhalb und ein Mädchen von fast fünfzehn? Ich glaube es eigentlich nicht, aber ich muss mich bei dieser Sache auf mich selbst verlassen. Es ist so ruhig und sicher, in seinen Armen zu liegen und zu träumen, es ist so aufregend, seine Wange an meiner zu fühlen, es ist so herrlich zu wissen, dass jemand auf mich wartet. Aber – und ein Aber gibt es tatsächlich – wird Peter es dabei belassen wollen? Ich habe sein Versprechen nicht vergessen, aber ... er ist ein Junge!

Ich weiß schon, dass ich sehr früh dran bin. Noch keine fünfzehn und schon so selbstständig, das ist für andere wohl unbegreiflich. Ich bin mir fast sicher, dass Margot niemals einem Jungen einen Kuss geben würde, ohne dass auch von Verloben oder Heiraten die Rede ist. Solche Pläne haben weder Peter noch ich. Auch Mutter hat vor Vater sicher keinen Mann berührt. Was würden meine Freundinnen dazu sagen, wenn sie wüssten, dass ich in Peters Armen lag, mit meinem Herzen auf seiner Brust, mit meinem Kopf auf seiner Schulter, mit seinem Kopf und Gesicht auf dem meinen!

O Anne, wie skandalös! Ich finde es aber wirklich nicht skandalös. Wir sind hier eingesperrt, abgeschlossen von der Welt, immer in Angst und Sorge, ganz besonders in der letzten Zeit. Warum sollten wir, die einander lieben, uns dann voneinander fernhalten? Warum sollten wir uns in diesen Zeiten keinen Kuss geben? Warum sollten wir warten, bis wir das passende Alter haben? Warum sollten wir viel fragen?

Ich habe es auf mich genommen, selbst auf mich aufzupassen. Er würde mir nie Kummer oder Schmerz zufügen wollen. Warum sollte ich dann nicht tun, was mir das Herz eingibt, und uns beide glücklich machen?

Doch ich glaube, Kitty, dass du ein bisschen von meinen Zweifeln merkst. Ich denke, dass es meine Ehrlichkeit ist, die sich gegen Heimlichkeiten auflehnt. Findest du, dass es meine Pflicht wäre, Vater zu erzählen, was ich tue? Findest du, dass unser Geheimnis einem Dritten zu Ohren kommen soll? Von dem, was schön ist, würde viel verloren gehen. Und würde ich dadurch innerlich ruhiger werden? Ich werde mit ihm darüber sprechen.

O ja, ich will über so viel mit ihm sprechen, denn nur miteinander schmusen, darin sehe ich keinen Sinn. Es gehört viel Vertrauen dazu, einander die Gedanken zu erzählen, aber sicher werden wir beide stärker im Bewusstsein dieses Vertrauens.

Deine Anne M. Frank

16 **a)** Was erfährst du aus Annes Tagebuch über die Moralvorstellungen*, unter denen sie aufwächst?

b) Anne denkt darüber nach, warum sie sich nicht an die Moralvorstellungen ihrer Familie gebunden fühlt. Unterstreiche diese Textstelle.

c) Schreibe aus der Sicht von Anne einen Brief an ihren Vater, in dem sie ihm alles von ihrer Liebe zu Peter erzählt. Schreibe in dein Heft.

* **Moralvorstellung:** Vorstellung davon, was als anständig gilt